# ORGULLOSA
# DE MI PAS

Amy White
Ilustraciones de María de Jesús Álvarez
Traducción/Adaptación de Lada J. Kratky

Hola. Me llamo Tiana. Soy una indígena de
América del Norte. Mi familia es de la tribu de
los navajos. Mi pueblo ha vivido en lo que hoy es
Estados Unidos por miles de años.

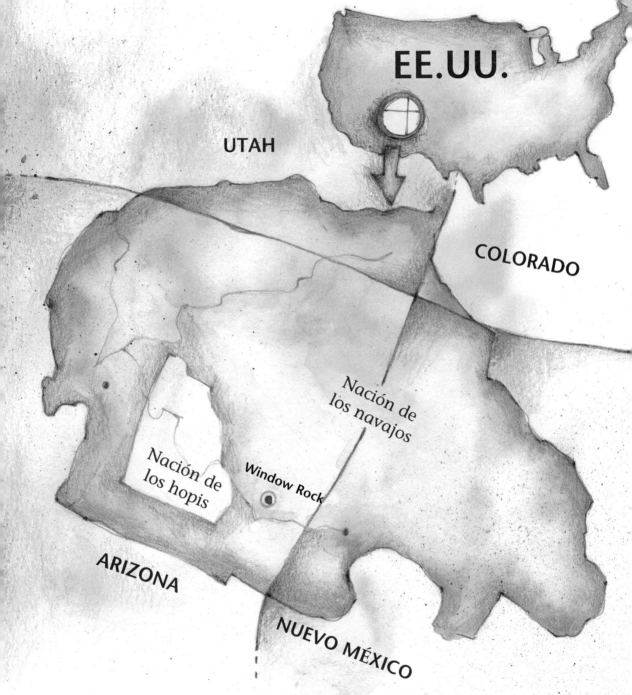

Vivimos en la reserva de los navajos, en Arizona.
Una reserva es tierra que Estados Unidos les ha
devuelto a los indígenas.

Hace mucho tiempo, mi pueblo construía sus casas usando troncos, ramas y barro. Este tipo de casa se llamaba "hogan". Todavía existen casas así. Ahora las usamos para ceremonias especiales.

Hoy vivimos en casas comunes y corrientes. Ésta es mi casa. Aquí vivo con mis abuelos, mis padres y mis hermanos. Mis tíos y primos viven cerca.

Toda la gente de mi familia forma un clan. Un clan es un grupo familiar grande. Todos los del clan se ayudan unos a otros. Nuestro clan se llama "Entre rocas".

Hace mucho tiempo, los navajos se ponían
ropa como ésta. Hoy usamos esta ropa durante
ceremonias especiales. A diario, me pongo
pantalones vaqueros y camiseta.

Nuestro pueblo ha tenido granjas por centenares de años. Hemos descubierto muchas maneras de cultivar la tierra. Mi familia cultiva maíz, frijoles, calabazas y duraznos.

Mis primos y su familia crían ovejas. Usan la lana para hacer mantas, ropa y muchas otras cosas. Mi tía teje hermosos tapetes de lana. Los navajos somos famosos por nuestros tejidos.

Yo quiero aprender a tejer, pero ahora estoy
aprendiendo cerámica. Mi madre y mi abuela
hacen hermosas vasijas de barro.

Con el barro se pueden hacer muchas cosas. Por ejemplo, platos, tazones y tazas. Debes decidir lo que quieres hacer y le das esa forma a un trozo de barro. Después, lo pintas. Luego, un adulto lo mete en el horno. El fuego lo endurece.

A veces se le da una mano de barniz. El barniz
le da brillo. Ahora, está listo para venderse.
Muchos navajos venden cerámica. Es una
manera de ganar dinero.

Mi clan tiene una tienda en la reserva. Allí
vendemos cerámica y tapetes. Además, hacemos
hermosas joyas con turquesas. También las
vendemos en la tienda.

13

Nuestros abuelos son muy importantes para
nosotros. Mi abuela me enseña la lengua navajo
y los cuentos de nuestro pueblo. También me
enseña las canciones que cantamos durante
nuestras ceremonias.

Una de mis ceremonias favoritas es la Bendición.
Cantamos y rezamos por dos días.

Yo soy estadounidense y navajo. Estoy orgullosa
de mi pasado y de mi pueblo.